La Navidad

Julie Murray

Abdo Kids Junior es una
subdivisión de Abdo Kids
abdobooks.com

Abdo
FIESTAS
Kids

abdobooks.com

Published by Abdo Kids, a division of ABDO, P.O. Box 398166, Minneapolis, Minnesota 55439.
Copyright © 2020 by Abdo Consulting Group, Inc. International copyrights reserved in all countries.
No part of this book may be reproduced in any form without written permission from the publisher.
Abdo Kids Junior™ is a trademark and logo of Abdo Kids.

Printed in the United States of America, North Mankato, Minnesota.

052019

092019

Spanish Translator: Maria Puchol

Photo Credits: Alamy, iStock, Shutterstock

Production Contributors: Teddy Borth, Jennie Forsberg, Grace Hansen

Design Contributors: Christina Doffing, Candice Keimig, Dorothy Toth

Library of Congress Control Number: 2018968188

Publisher's Cataloging-in-Publication Data

Names: Murray, Julie, author.

Title: La Navidad/ by Julie Murray.

Other title: Christmas. Spanish

Description: Minneapolis, Minnesota : Abdo Kids, 2020. | Series: Fiestas |

Identifiers: ISBN 9781532187254 (lib.bdg.) | ISBN 9781644941331 (pbk.) | ISBN 9781532188237 (ebook)

Subjects: LCSH: Christmas--Juvenile literature. | Holidays, festivals, & celebrations--Juvenile literature. |
     Holidays--Juvenile literature. | Ethnic festivals--Juvenile literature. | Spanish language materials--
     Juvenile literature.

Classification: DDC 394.2663--dc23

Contenido

La Navidad

Los **cristianos** celebran el nacimiento de **Jesús** el día de Navidad.

Es el día 25 de diciembre.

Sue se prepara

haciendo galletas.

Joe decora un árbol. Pone una estrella en lo más alto.

Matt envuelve regalos.

Los pone debajo del árbol.

13

Sam cuelga su bota de Navidad. Tiene la esperanza de que Santa le haga una visita.

¡Es Navidad! Tom va a misa.

Mary come cosas especiales.

Lila abre sus regalos.

¡Le encanta la Navidad!

Símbolos de la Navidad

el árbol

la bota de Navidad

el Niño Jesús

los regalos

Glosario

cristiano

quien cree en Jesucristo y sigue su palabra y enseñanzas.

decorar

hacer más bonito añadiendo adornos.

Jesús

maestro y profeta fundador de la fe cristiana. Vivió desde el año 4 antes de la era común (a.e.c.) hasta el año 29 de la era común (e.c.).

misa

ceremonia religiosa en iglesias católicas y cristianas.

Índice

Abdo Kids
ONLINE
FREE! ONLINE MULTIMEDIA RESOURCES

¡Visita nuestra página **abdokids.com** y usa este código para tener acceso a juegos, manualidades, videos y mucho más!

Código Abdo Kids:
HCK1719